BEI GRIN MACHT SICH IHR WISSEN BEZAHLT

- Wir veröffentlichen Ihre Hausarbeit,
  Bachelor- und Masterarbeit

- Ihr eigenes eBook und Buch -
  weltweit in allen wichtigen Shops

- Verdienen Sie an jedem Verkauf

Jetzt bei www.GRIN.com hochladen
und kostenlos publizieren

Bibliografische Information der Deutschen Nationalbibliothek:

Die Deutsche Bibliothek verzeichnet diese Publikation in der Deutschen National-
bibliografie; detaillierte bibliografische Daten sind im Internet über http://dnb.d-
nb.de/ abrufbar.

Impressum:

Copyright © 2009 GRIN Verlag
Druck und Bindung: Books on Demand GmbH, Norderstedt Germany
ISBN: 9783656044352

Dieses Buch bei GRIN:

https://www.grin.com/document/181488

Christopher Krause

Was heißt IT-Service-Management nach ITIL V3?

Die Bedeutung für IT-Consulting

GRIN Verlag

GRIN - Your knowledge has value

Der GRIN Verlag publiziert seit 1998 wissenschaftliche Arbeiten von Studenten, Hochschullehrern und anderen Akademikern als eBook und gedrucktes Buch. Die Verlagswebsite www.grin.com ist die ideale Plattform zur Veröffentlichung von Hausarbeiten, Abschlussarbeiten, wissenschaftlichen Aufsätzen, Dissertationen und Fachbüchern.

Besuchen Sie uns im Internet:

http://www.grin.com/

http://www.facebook.com/grincom

http://www.twitter.com/grin_com

Fachhochschule der Wirtschaft
- FHDW -
Bergisch Gladbach

Referat

<u>Thema:</u>
Was heißt IT-Service-Management nach ITIL V3? –
Die Bedeutung für IT-Consulting

<u>Verfasser:</u>
Christopher Krause

2. Studientrimester
Studiengang: Information Science for Business
Studiengruppe: BFW4B8
Studienfach: IT-Consulting I

<u>Abgabetermin:</u>
31.08.2009

I. Inhaltsverzeichnis

1. Einführung

Diese wissenschaftliche Arbeit befasst sich mit einer immer wichtiger werdenden Thematik des IT-Managements, nämlich: IT-Service-Management (ITSM). Innerhalb der letzten Jahrzehnte wandelte sich nämlich der IT-Fokus erheblich – weg von der „einfachen", rationalen Informationsverarbeitung hin zur service-/kundenorientierten IT-Dienstleistung (IT-Service). Auf Grund dessen besitzt das auf diesem Weg entstandene IT-Service-Management das Ziel, die optimale Unterstützung der unternehmerischen Geschäftsprozesse durch die Informationstechnologie zu erreichen.

Seit Anbeginn untersteht dieser Bereich ständiger Innovationen und Optimierungen, sodass mittlerweile eine unüberschaubare Fülle an als Standards fungierenden Rahmenwerken existiert, die alle an die zeitlichen Veränderungen angepasst werden. Unter den bekanntesten Verfahren finden sich „IT Infrastructure Library" (ITIL), „Microsoft Operations Framework", „Control Objectives for Information and related Technology" und „enhanced Telecom Operations Map".

Der Rahmen dieses Referats wird daher auf die Frage eingegrenzt, was der De-facto-Standard „ITIL" in der aktuellen Version für IT-Service-Management derzeit bedeutet, da die Zielsetzung des Autors ist, einen möglichst genauen, jedoch verständlichen Überblick über den komplexen und weitreichenden Sachverhalt zu vermitteln. Hierzu wird im Vorhinein die Relevanz ITSMs und ITILs für IT-Consulting ergänzend erläutert.

2. Bedeutung für IT-Consulting

IT-Service-Management ist aufgrund der wachsenden Bedeutung mittlerweile zu einem integralen Bestandteil des IT-Consultings geworden. Doch was umfasst IT-Consulting genau? Über die korrekte Antwort herrscht bis heute keine Einigung, da IT-Consulting vom Begriff her ein breites Spektrum an Beratungsleistungen in der Informationstechnologie in sich vereinigt. Hieraus ergibt sich die Schwierigkeit, das Tätigkeitsfeld eines IT-Consultants von anderen Berufsgruppen, beispielsweise einem Unternehmensberater, abzugrenzen, weil die IT inzwischen mit fast allen Geschäftsprozessen eines Unternehmens „verzahnt" ist.

Trotzdem können einige Punkte festgehalten werden, was IT-Consulting grundsätzlich aussagt: Sie konzentriert sich auf die Beratung der bestmöglichen Planung, Umsetzung und Inbetriebnahme von IT-Diensten im Unternehmen. Somit besteht das Aufgabenfeld eines IT-

Consultants aus einem Portfolio verschiedener, professioneller Dienstleistungen, um im Dialog mit dem Klienten ein konkretes IT-Problem in seinem Unternehmen zu lösen. Exemplarisch könnte ein Unternehmen nun einen externen IT-Consultant in Anspruch nehmen, um ein IT-Service-Management zu etablieren, da dies entweder unzureichend oder gar nicht vorhanden ist. In diesem Zuge wäre ein lobenswertes Ziel, die Zertifizierung des zu schaffenden ITSMs mittels ISO/IEC 20.000 anzustreben (siehe Grundlagenabschnitt). Jedoch muss dafür der IT-Consultant durch eine ITIL-Zertifizierung das nötige Know-How besitzen, um die praktische Umsetzung leisten zu können, worauf sich der zweite Teil der Arbeit bezieht.

3. Grundlagen

3.1 Was ist ein IT-Service?

Die Lösung dieser einfach klingenden Frage galt lang für nicht objektiv beantwortbar, da ein IT-Service im Gegensatz zur Definition eines Prozesses nicht aus eindeutigen Ein- und Ausgaben, definierten Abläufen und einer bestimmten Menge an Mitteln (z.B.: Geld, Einrichtung, Personal) besteht, sondern die typischen Eigenschaften einer Dienstleistung innehält. Zu diesen gehören besonders die Immaterialität (unmessbar), die problematische Qualitätsprüfung (schwer überprüfbar), der direkte Kundenkontakt und der Aspekt des Vorgangs (vergütende Leistung entspricht Vorgang).

Doch schon seit zwanzig Jahren besteht seitens ITIL eine Definition des Begriffs „Service", die längst auf weltweite Akzeptanz stößt: „Ein Service ist eine Möglichkeit, einen Mehrwert für Kunden zu erbringen, indem das Erreichen der von den Kunden angestrebten Ergebnissen erleichtert und gefördert wird. Dabei müssen die Kunden selbst keine Verantwortung für bestimmten Kosten und Risiken tragen."[1]

3.2 Was bedeutet IT-Service-Management?

Wie in der Einführung erwähnt, ist IT-Service-Management mittlerweile für die Durchführung und Aufrechterhaltung von Unternehmensprozessen essentiell geworden. Dies liegt besonders an der heute vielschichtigen, dienstleistungsorientierten Durchdringung der IT in den meisten Bereichen eines Unternehmens, sodass ITSM laut ITIL „die Gesamtheit der

---

[1] Klatt, Hans-Jürgen (2009): SM Book v1.1, Seite 30, Bonn: T-Systems

spezialisierten, organisatorischen Fähigkeiten, die zur Generierung eines Mehrwerts für den Kunden in Form von Services verfügbar sind"[2] darstellt.

Aufgrund dieser Definition steht IT-Service-Management für die systematische Entwicklung, Steuerung und dauerhafte Überwachung der IT-Dienstleistungen des Unternehmens, die im besten Fall standardisiert sind. Das Aufgabenfeld erstreckt sich somit von der Planung der Qualität und Quantität der durchzuführenden IT-Services bis hin zur Balance zwischen Kundenorientierung und Ressourcenoptimierung.

Aufgrund der Interdependenzen der jeweiligen Aufgabenstellungen existiert das sogenannte „magische Zieldreieck des IT-Service-Managements" (Abb.1). Die Zielgrößen „Kosten", „Zeit" und „Servicequalität" müssen dabei in einem „gesunden", erfahrungsbasierten Verhältnis zueinander stehen, da der theoretische Ansatz, die bestmögliche Qualität mit minimalen Kosten in kürzester Zeit gleichzeitig zu erreichen, nicht realisiert werden kann!

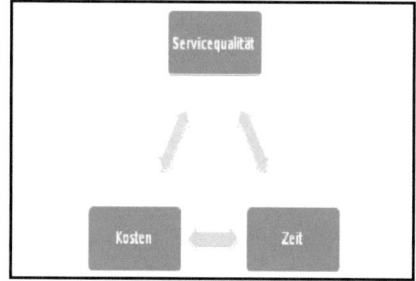

Abbildung 1: ITSM Zieldreieck

3.3 Wozu existieren die Standards ISO/IEC 20.000 und ITIL?

Zu Beginn der Entwicklungen eines IT-Service-Managements erschienen in zahlreichen Unternehmen große Optimierungspotenziale, da bislang das Hauptaugenmerk auf der Effizienz der Produktion und weniger auf den eigenen Geschäftsprozessen lag. Dies änderte sich durch die zahlreichen Einflüsse und innovativen Gedanken des neuaufgekommenen ITSMs, jedoch forcierte jedes Unternehmen unter dem gesamtwirtschaftlichen Wettbewerbsdruck seine Servicelösung als die Beste. Hieraus ergab sich durch die Vielzahl an IT-Service-Management-Ansätzen eine Undurchsichtigkeit und Unvergleichbarkeit der Marktteilnehmer, wonach der Ruf nach Einheitlichkeit, einem anerkannten Standard, in der Branche laut wurde. So entstand die britische Norm 15.000, die die formellen Anforderungen an ein zertifizierbares IT-Service-Management formuliert. Sie ist im Jahr 2005 durch die internationale Organisation für Normung (ISO) und der internationalen elektrotechnischen Kommission (IEC) in die international gültige ISO/IEC 20.000 grundsätzlich überführt

---

[2] Vgl. Klatt (2009), Seite 29

worden und dient heute zur allgemein anerkannten Zertifizierung eines IT-Service-Managements.

Während die ISO/IEC 20.000 das Gerüst eines ITSMs definiert, beschreibt ITIL in der Form einer Best-Practice-Sammlung („gelebter Standard" mit maximalen Vorteilen) die professionelle, praktische Umsetzung eines Managements von IT-Dienstleistungen. Seit der Entwicklung und Veröffentlichung in den 1980ern und 1990ern durch das britische Office of Government Commerce wurde es aufgrund stärkerer Komplexität zweimal aktualisiert und liegt nun seit 2007 in der aktuellen Version „ITIL V3 Rad" vor.

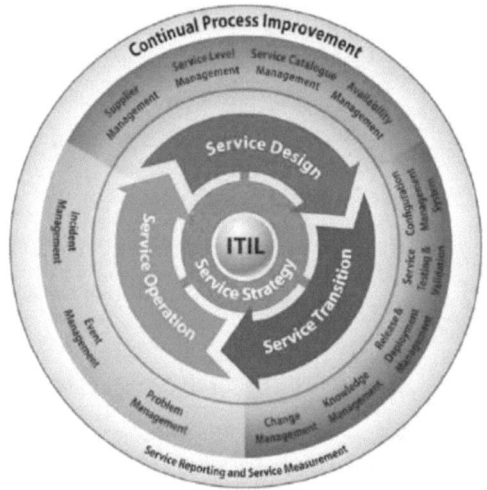

Abbildung 2: ITIL V3 Service-Lifecycle

ITIL V3 unterscheidet in seinem Service-Lifecycle-Modell drei Ebenen, die die unterschiedlichen Service-Cluster (auch „Core-Books") beinhalten:

Ebenen	Service-Cluster (Core-Books)
Strategische Ebene	Service Strategy
Operationelle Ebene	Service Design, Service Transition, Service Operation
Lernebene	Continual Service Improvement

Tabelle 1: ITIL V3 Core-Books

Im Folgenden werden die einzelnen Core-Books mit ihren einzelnen Prozessen (breiter Ring der Abb.2) in ihrer logischen Reihenfolge (Abb.3) genauer untersucht.

4. IT-Service-Management nach ITIL V3

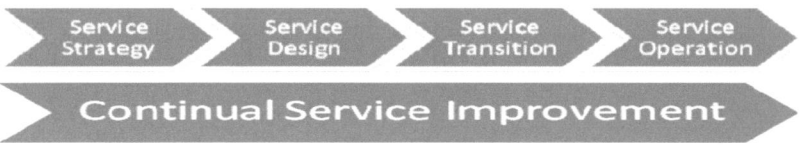

Abbildung 3: ITIL V3 Prozessreihenfolge

4.1 Service Strategy

Das erste Service-Cluster, Service Strategy, stellt den mittigen Ausgangspunkt des ITIL V3 Service-Cycles dar. Er bildet die strategische Einheit des IT-Service-Managements im Unternehmen, da sich die hier getroffenen Entscheidungen durch alle Phasen des weiteren Lebenszyklus durchziehen.

So stellt die Servicestrategie Richtlinien für das Design, die Entwicklung und die Implementierung von IT-Service-Management zur Verfügung, um so die Qualität der IT-Services und die permanente Fokussierung der definierten Ziele zu gewährleisten. Dementsprechend ist Service Strategy in vier Prozesse unterteilt:

Prozesse	Aufgaben
Strategy Generation	Erfassung der Marktsituation und Entwicklung des IT-Service Portfolios
Service Portfolio Management	Analyse und Risikobewertung der IT-Services
Financial Management	Quantifizierung der Wirtschaftlichkeit und Kosten der IT-Services
Demand Management	Optimale Anpassung zwischen Bereitstellung und Leistungskapazität

Tabelle 2: Service Strategy Prozesse

4.2 Service Design

Das zweite Core-Book trägt den Namen Service Design. Es stellt auf Basis der Service Strategy die Grundlagen für die Entwicklung von IT-Services und Vorlagen für die Gestaltung von IT-Service-Management-Prozessen bereit. Somit sind die Kernaufgaben des Service Designs die kundenorientierte Planung und der angemessene Entwurf der IT-Services im Unternehmen, die im weiteren Verlauf des Service-Lifecycles (Service Operation) betrieben werden. Hierzu werden folgende sieben Prozesse benötigt:

Prozesse	Aufgaben
Service Catalogue Management	Bereitstellung und Pflege des Servicekatalogs (Beschreibung vereinbarter IT-Services)
Service Level Management	Vereinbarung und Dokumentation der Service Level Agreements (SLA) und deren Überwachung/Sicherstellung
Availability Management	Effiziente Sicherstellung der Verfügbarkeit aller IT-Services
Capacity Management	Effiziente Vorhaltung der benötigten Kapazitäten entsprechend des aktuellen/zukünftigen Bedarfs
Information Security Management	Gewährleistung der Einhaltung der Sicherheitsanforderungen der IT-Sicherheit für die Geschäftsprozesse
IT Service Continuity Management	Garantie der minimalen Verfügbarkeit gewünschter IT-Services im Katastrophenfall und komplette Wiederherstellung des ursprünglichen Qualitätslevels
Supplier Management	Sicherstellung der Erfüllung der Verträge mit externen Lieferanten bzgl. Bedingungen, Ziele und Konditionen

Tabelle 3: Service Design Prozesse

4.3 Service Transition

Service Transition – das dritte Kerngebiet – schildert die qualifizierte Übergabe neuer IT-Services in die Produktivumgebung (operativer Betrieb). Damit beantwortet es eine wichtige Anforderung der ISO/IEC 20.000, die die effektive Einführung und kontrollierte Inbetriebnahme veränderter IT-Services festsetzt. Durch die Richtlinien bestehen klare Hinweise, wie der Übergang eines Projekts in eine kontinuierliche Servicedienstleistung aussehen soll, um einen langfristigen, optimierten Servicebetrieb zu ermöglichen.

Die Phase der IT-Service-Übergabe ist in zwei Bereiche gegliedert. Der erste IT-Service-Management-Prozess, gegliedert in drei Unterprozesse, widmet sich dem Service-Lifecycle:

Prozesse	Aufgaben
Change Management	Kontrolle der effizienten Durchführung von Veränderungen und gleichzeitige Minimierung der Risiken
Configuration Management	Zentrale Bereitstellung aktueller Informationen aller IT-Services in einer Datenbank
Knowledge Management	„Bereitstellung der richtigen Informationen am richtigen Ort für die richtigen Personen zur richtigen Zeit"[3]

Tabelle 4: Service Transition Lifecycle Prozesse

---
[3] Beims, Martin (2009): IT-Servicemanagement in der Praxis mit ITIL 3. Seite 123. München: Carl Hanser

Hingegen beschäftigt sich der zweite Teil mit der eigentlichen Service Transition–Phase:

Prozesse	Aufgaben
Transition Planning and Support	Effiziente Planung von Ressourcen für die optimale Einführung der IT-Services in den operativen Betrieb
Release Management	Bereitstellung und Integration neuer/veränderter IT-Service-Releases in die Produktivumgebung
Service Validation and Testing	Qualitätssicherung der einzuführenden Releases unter dem Aspekt des Nutzens und der Vertragserfüllung
Evaluation	Bewertung des Kosten/Nutzen-Verhältnisses eines Releases mit Hilfe standardisierter Verfahren

Tabelle 5: Service Transition Hauptprozesse

4.4 Service Operation

Das letzte Glied des Service-Lifecycles bildet das Service Operation–Core-Book. Dieses beinhaltet vor allem unterstützende Verfahren zum Management des kontinuierlichen Servicebetriebs und stellt Richtlinien zur Realisierung der vom Kunden erwarteten Effizienz des täglichen IT-Servicesupports bereit. Service Operation setzt die in der Service Strategy gesetzten Ziele um und dient der permanenten Überwachung der vorhandenen IT-Services. Um dies zu erreichen, werden fünf Prozesse in dieser Phase benötigt:

Prozesse	Aufgaben
Incident Management	Schnellstmögliche Wiederherstellung des SLA-erlaubten Niveaus gestörter IT-Services
Event Management	Überwachung der Ereignisse aller IT-Services und entsprechender Reaktion bei Auffälligkeiten
Request Fullfilment	Zentrales Management von Anwenderproblemen/-fragen (Service-Helpdesk)
Problem Management	Suche nach Ursachen vorhandener Störungen und Beseitigung gefundener Schwachstellen
Access Management	Verwaltung der IT-Service-Zugriffsrechte der Anwender nach den Vorgaben des Information Security Managements

Tabelle 6: Service Operation Prozesse

4.5 Continual Service Improvement

Die kontinuierliche Prozessverbesserung ist der einzige Service-Lifecycle–Cluster, der unabhängig von allen anderen die ganze Zeit besteht. Das liegt daran, dass er als übergeordnetes, zentrales Qualitätsmanagement fungiert. Das Ziel ist die ständige Weiterentwicklung/Optimierung von IT-Services und IT-Service-Management-Prozessen zur kontinuierlichen Anpassung an die sich ändernden Geschäftsanforderungen, um zukünftige Serviceleistungen zu verbessern. Hierzu gibt es den von ITIL V3 entwickelten „7-Step-Improvement-Process":

Schritte	Aufgaben
Define what you should measure	Auswahl benötigter Kennzahlen für die Erreichung der angestrebten Ziele
Define what you can measure	Aussortierung unmessbarer/aufwändiger Kennzahlen in Abstimmung mit der Geschäftsleitung
Gather the data	Erfassung der IT-Service-Daten (Monitoring)
Process the data	Verarbeitung der Daten in Informationen (z.B.: Formatierung, Gruppierung)
Analyse the data	Analyse dieser Informationen in Gegenüberstellung der definierten Ziele und Vorgaben
Present and use the information	Präsentation der Ergebnisse für die Stakeholder und Vorschläge konkreter Maßnahmenpläne
Implement corrective action	Implementierung der genehmigten Korrekturmaßnahmen mit anschließendem Neustart des Prozesses

Tabelle 7: Continual Service Improvement Schritte

5. Fazit

Die Ausarbeitung zeigt, dass IT-Service-Management einen großen Stellenwert in der IT-Struktur eines Unternehmens einnimmt. Somit ist die dementsprechende Bedeutung für IT-Consulting unverkennbar. Jedoch sollte bedacht werden, dass ITIL keine Patentlösung repräsentiert, sondern „nur" ein Hilfsmittel darstellt und bewährte Lösungsmöglichkeiten aufzeigt. Idealerweise dient es im Zusammenspiel mit den eigenen Erfahrungen der Optimierung und Effizienzsteigerung der IT-Services!

6. Quellenverzeichnisse

6.1 Literaturverzeichnis

Bücher:

1. Beims, Martin (2009): IT-Servicemanagement in der Praxis mit ITIL 3. München: Carl Hanser Verlag

2. Kopperger, Dietmar / Kunsmann, Jörg / Weisbecker, Anette (2007): Handbuch IT-Management, 2. Auflage. München: Carl Hanser Verlag

3. o.A. (1997): Brockhaus Enzyklopädie in 15 Bänden, 20. Auflage. Leipzig & Mannheim: F. A. Brockhaus

4. Olbrich, Alfred (2008): ITIL kompakt und verständlich, 4. Auflage. Wiesbaden: Vieweg+Teubner Verlag

5. Schiefer, Helmut / Schnitter, Erik (2008): Prozesse optimieren mit ITIL, 2. Auflage. Wiesbaden: Vieweg+Teubner Verlag

Technische Medien:

6. Microsoft Encarta 2007 Wissen und Lernen, DVD-ROM, 2006

Intranet der T-Systems (und Deutsche Telekom AG):

7. aus datenschutzrechtlichen Gründen keine direkten Hyperlinks sowie keine gedruckten oder digitalen Kopien der Webseiten bzw. PDF – Dateien aus den Dokumentationsverzeichnissen der Abteilung erlaubt

→ benutzte Dokumente:

- sm-book.pdf: Handbuch Service Management, Mai 2009
- SI Statement ITIL v3-2008-05-05-LF-F-D-V1 0.pdf: „ITIL v3 bei T-Systems", Mai 2008
- ITIL-v3-praesentation.ppt, ITIL Präsentation, März 2008

6.2 Gesprächsnotiz: Harald Sondermann

Der Verfasser führte mit dem Teamleiter, Harald Sondermann, am 28. Juli 2009 an seinem Arbeitsplatz in Aachen ein inhaltlich ausführliches Gespräch vor dem Hintergrund der nächsten Praxisphase. Dabei standen die Geschäftsprozesse und deren Aufteilungen bei T-Systems und speziell im Bezug auf die Abteilung im Fokus des einstündigen Dialogs. Insbesondere lag der Schwerpunkt auf dem allgemeinen Verständnis der Struktur innerhalb des Bereichs Systemintegration.

6.3 Gesprächsnotiz: Dr. Ralf Deutschmann

Der Verfasser führte mit dem Senior Consultant, Dr. Ralf Deutschmann, im Anschluss an das Gespräch mit Herrn Sondermann ein weiteres, einstündiges Gespräch. Hier lag das Hauptaugenmerk auf dem fachlichen Verständnis von IT-Consulting und der Durchdringung des Themas „IT-Service-Management" im Allgemeinen. Die Umsetzung auf Basis von ITIL und die Anwendung bei T-Systems Enterprise Services GmbH spielte zudem eine große Rolle. Weiterhin standen die Klärung offener Fragen des Autors und die Erklärung verschiedener Sachlagen im Vordergrund.

6.4 Abbildungsverzeichnis

Abbildung 1: eigenes Smart-Art, ITSM-Zieldreieck

Abbildung 2: vgl. Klatt (2009), Seite 30, ITIL V3 Service-Lifecycle

Abbildung 3: eigenes Smart-Art, ITIL V3 Prozessreihenfolge

6.5 Tabellenverzeichnis

Tabelle 1: eigene Tabelle, ITIL V3 Core-Books

Tabelle 2: eigene Tabelle, Service Strategy Prozesse

Tabelle 3: eigene Tabelle, Service Design Prozesse

Tabelle 4: eigene Tabelle, Service Transition Lifecycle Prozesse

Tabelle 5: eigene Tabelle, Service Transition Hauptprozesse

Tabelle 6: eigene Tabelle, Service Operation Prozesse

Tabelle 7: vgl. Beims, Martin (2009): Seite 44 ff.

Diese wissenschaftliche Arbeit befasst sich mit einer immer wichtiger werdenden Thematik des IT-Managements, nämlich: IT-Service-Management (ITSM). Innerhalb der letzten Jahrzehnte wandelte sich nämlich der IT-Fokus erheblich – weg von der „einfachen", rationalen Informationsverarbeitung hin zur service-/kundenorientierten IT-Dienstleistung (IT-Service). (…)

www.grin.com

Dokument Nr. V181488
https://www.grin.com
ISBN 9783656044352

9 783656 044352

Madleen Wendt

"Aus dem Leben eines Taugenichts" von Joseph von Eichendorff. Eine Analyse des dritten Kapitels und Einordnung in die Romantik

Facharbeit (Schule)